누가 가르쳐준 것도 아닌

허림 시집

누가 가르쳐준 것도 아닌

달아실기획시집
46

보조 용언과 합성 명사의 띄어쓰기 등 본문의 맞춤법은 시인의 의도에 따른 것임.

시인의 말

영혼이 부서졌다.

오래도록 꾸었던 꿈이 부화했다.

그게 삶이 아니기를.

다만 너를 마중할 수 있으면 좋겠다.

2025년 8월
내면 오막에서

차례

누가 가르쳐준 것도 아닌

시인의 말　5

1부. 노을이 가는 곳

상강 무렵　12
달둔길을 걷다　13
달팽이의 사랑법　14
삶이라는 중력　16
감나무가 있는 집　18
새 떼 몰려가는 골말 쪽　19
구름처럼 가벼운　20
산거山居　21
피아노 소리가 들리는 골목　22
울음이 있는 저녁　23
노을이 가는 곳　24
사월　26
아소베랑에서　27
배웅　28
한입　29

2부. 입말을 내 귀로 듣다

잉크 32
구름에 숨는 반달 33
흰빛의 고요 34
보살 35
마곡에 하룻밤 36
입말을 내 귀로 듣다 38
호밀이 밥 40
뻐꾸기 울 무렵 42
주막을 찾아서 43
사진틀 44
후동고개 46
양말 한 켤레 47
도서관에서 본 풍경 48
개미굴을 들여다보다가 49
서랍 속에 넣어둔 시간 50

3부. 뼛속에서 바람 소리가 났다

염천	54
아지랑이 풍경	55
단풍	56
암탉	58
나를 알아보시겠어요	60
골목 샛길	61
낮달	62
후다닥	64
발자국	65
작은논골	66
뼛속에서 바람 소리가 났다	68
실론약수	70
바람에 귀를 씻다	71
모갯불	72
살고 싶다고 했더니	73

4부. 흰 닭똥이 약이 되어

찰나, 마음에 두었다   76
밤은 흘러가서 은하수가 된다   79
그믐달   80
눈꽃이 피다   81
감자 싹   82
골말에는 부엉이가 산다   83
비로소   84
가을밤   86
어떤 어록   87
삼백고지   88
다음   89
득음   90
흰 닭똥이 약이 되어   91
아재   92
누가 가르쳐준 것도 아닌   94
낯설은 옛날   95

해설 _ 내면內面에서 길어 올린 내면의 화두 • 김겸   96

1부

노을이 가는 곳

상강 무렵

뽕나무버섯 호박잎에 싸

재불에 굽다 한나절

앞 개울 퉁퉁소 바우 밑에서

메기 우는 소리가 났다

두엄 밭에서 지렁이 잡아 주낙 놓았다

그믐밤은 별들이 더 많아 나와 놀았다

달둔길을 걷다

하늘 찌를 것 같던 푸르른 날은 마음에는 두지 않겠다는 듯

가면 오지 않을 거라며 곱디고운 나뭇잎 날려보내는 가을날에

달둔길 노량 노량 걸었네 물소리 바람 소리 귓속까지 시원하였네

그냥 걷다 보니 숨도 차고 몸도 뜨거워지고

땀이 나서 화장발 지워진 맨얼굴 아무렇지도 않게 보여주었네

그 마음 마음이 통했나 보네

사랑을 잃고 밤새 눈물로 먹을 갈았던 날도 허물어지고

사랑보다 더 깊은 달達의 마음을 얻어 왔네

달팽이의 사랑법

사랑을 하면

남자가 여자도 되고 여자도 남자가 되지

사랑하면

먼저 등도 두드려주고 얼굴도 부비고

저 느린 걸음으로

얼마나 먼 길을 달려왔을까

스치는 인연만으로 사랑하는 일인데

사랑만큼은 느리지 않은 달팽이

사랑은 마음에 담아두는 게 아니라고

먼저 달려가 사랑한다

느림의 전부 네게로 밀고 가는 고집이랄까

삶이라는 중력

내게 올 수 있어

눈빛이 먼 강물로 흘러갔다
가을은 메아리로 돌아와 가슴에 안기곤 했다

사는데 이유가 있나?

말끝에 갈고리 같은 문장부호 정곡을 찌른다
사랑보다는 살아 있다는 존재의 부재가 검버섯처럼 자란

내안에 각인된 목소리와
몇 개의 지문과 웃음이 꿈같이 홀연하다

슬픔은 자국을 남기지 않고 응어리질 뿐이라는
그 실체 없는 말이 안개처럼 떠돈다

삶이라는 중력을 놓으면 화살처럼 어디로든 닿을 것 같다

몇 개의 별들이 명멸하다가

새벽닭이 울자 고요히 사라졌다

감나무가 있는 집

떠도는 일이 고행이라는 것을 알아챈 것일까
떠나지 않으려고
뿌리 내린다
햇볕 좋아하고
물소리 좋아하고
바람에 겨우 춤사위 배웠을 뿐
떠나겠다고 마음 한번 낸 적 없다
늦은 밤 감 하나 매달아 놓는다

새 떼 몰려가는 골말 쪽

뒷버덩 웅달길 내려오다가 미끄러졌다
절뚝거리며 문지방을 넘어 방까지 왔다
미끄러지면서 접지른 발목
변기에 앉아 찬물에 발 푹 담그고 창밖을 본다
쇠딱따구리가 신갈나무 가지를 쪼고
쇠박새가 강아지풀 엉클어진 풀섶에 떼지어 난다
쓰입 쓰입 쓰입
서로가 서로를 부르며 무리 짓는 새들
푸룩 푸르륵
몰려가는 새 떼의 행선지를 보려다가 또 삐끗
뼛속에서 울려 나오는 공명
아아악
턱밑에 밤색 털을 한 새가 울음을 들었는지
갸우뚱거리다가 무리 속으로 날아들고
접지른 발목 받쳐 들고
새들이 몰려가는 골말 쪽 물끄러미 바라만 본다

구름처럼 가벼운

어느 마을 지나다가 은행나무 그늘에 앉아 있는 첫사랑을 보았다
잠시 그늘을 같이 깔고 앉아 안부를 물었지만 이사 온 귀농인처럼 모른다고 했다
이 마을에 뿌리내려 팔 대째 산다는 은행나무는 노란 햇살 모아 편지를 쓰고
수천 개 별을 떨어뜨렸지만 구린내만 풍겼다
첫사랑이란 것도 돌아보면 구름처럼 가볍기만 했다

산거山居

뒷밭에서 무 뽑아다가
국 끓여 늦은 아침을 먹고
햇살 좋아 이불을 내다 널었다
잿골 잣나무밭 걷다가
길순네 고춧대 뽑는 걸 거들고
제누리에 막걸리 한 대접
얼굴 벌개져
오후 내내 흥얼거렸다

피아노 소리가 들리는 골목

꽃으로 산 날은 길지 않았다
꽃만 보려 했지 안부는 묻지 않았다

아파도 아픈 척하지 못하고
괜찮다 괜찮다고 꽃만 보여주었다

꽃으로 산 길지 않은 날들
사랑만큼은 뜨거웠다

꽃으로 무거워
가지가 찢어지고 흥건해지기도 했다

그런 계절이 다시 와서
코트 자락 여미고 밤길을 걷는 골목

그녀의 손끝에 피었다 지는
꽃의 느린 듯 여린
적막

울음이 있는 저녁

톨스토이를 읽는 저녁이다
잠이 오면 슬픔도 잠든다
고양이가 아기처럼 운다
해바라기 꽃잎 속에
사마귀가 숨는다
나를 보증하는 일은 쉽지 않다
보증할 수 있는 것을 찾는 동안
큰으아리 하얀 꽃잎 펼쳐놓는다
꽃을 찾는 나비도 취해서 잠들 때도 있을까
털두꺼비가 방충망에 매달려 운다
울음마저 사랑스러운 저녁이다

노을이 가는 곳

그곳은 멀지 않았다
내 귀에 혹은 마음에 닿기까지 물결 따라 오래도록 흐르다가
거기, 닿았다
보내고 잊어버린 바람의 일기와
사무치게 그러나 기억나지 않는 길들

세상에는 눈물이 차고 넘쳤다

모래톱 따라 걷다가 뼈처럼 반짝이는 조개를 보았다
끝까지 살아보겠다는 결기 같다
그리고 오래도록 서성이는 사람을 보았다
그가 걸어온 길들은 다시 바다가 되었다
비로소 바다가 되는 거기

바다처럼 하루에도 몇 번씩 지울 수 있는 것들
바다의 울음을 묻어두고 돌아가는 그를 오래도록 배웅하였다
말을 배운 후 슬픔이란 걸 알았지만 생은 깊었다

그도 흘러가면서 거기, 닿을 수 있을까

사월

울음을 곡哭이라 하지
애걸하듯 북방산개구리 우는 사월
아홉사리고개
울음이 곡曲을 넘는다
봄이어서 꽃들도 산을 넘는데
한 소절 한 소절 곡진하다
지금 울지 않는다면 언제 울까
울음이 산을 키운다
푸른 울음으로 도지는 사월
여기저기 쏟어놓은 울음의 발랄
내게 돌아오는 메아리도 점점 푸르다

아소베랑에서

야생의 시간이 흐르는 길목은 구천 떠도는 거처라는 것
 어쩌다 이곳까지 와서 당신을 생각하는 것은 끝까지 사랑하지 못한 죄일 뿐인데

 한밤중 귀 맞추는 귀틀집 들창 흔들고 가는 회리 바람 같이
 꼬리에 꼬리를 무는 화두같이

 내안의 울음 훤히 꿰뚫어 보는

 나는 미치지도 취하지도 못하고 울기만 했다고 솔직히 사정해도

 그 울음
 화상畵像처럼 들려주는
 아소베랑* 되돌아오는 물소리

* 아소베랑: 내면 명개리에 있는 소(沼) 이름.

배웅

한겨울 넘긴 강아지
아랫마을 보살네로 보내기로 했다

한참
어미 개가 품고 내놓지 않는다

그만 됐다

화물차 뒤칸에 실려 보냈는데

산모퉁이 돌아 보이지 않을 때까지
오래 바라보고 섰다

한입

긴부리도요새가
진흙 속에 머리까지 처박고
안간힘을 쓰고 있다
뒤꿈치 들고 날개 치며
끝내 길고 통통한 지렁이 같은 것을 끌어내
천천히 물가에 가서 씻어
한입 먹는다

2부

입말을 내 귀로 듣다

잉크

볼펜 잉크가 샜다

흰 와이셔츠 왼편 가슴

검은 글자의 덩어리가 얼룩졌다

한때 당신에게 썼던 말의 반죽 같은

뭔 소린지 뒤엉킨 말의 얼룩

애써 맞춰보려다가 뒤끝이 무거워

대야에 담근다

말의 얼룩이 풀리는 것을 보았다

형형의 색 향기로 풀리는 말의 전생들

생각의 올이 곱게 풀렸다

구름에 숨는 반달

먼 친척 아재 문상하고 오다가 신발 바뀌었다
한쪽 발은 헐겁고 한쪽 발은 조인다
처음엔 몰랐던 신발의 품이
돌을 밟고 비틀거리며 개울 건너는데
헐겁고 꽉 조인다
묵상의 고요가 일그러진다
헐렁하거나 조여오던 길
발은 왜 아무렇지도 않게 걸어왔을까
똑같은데 똑같지 않았던 수많은 생생한 길들
발은 어쩌자고 신발을 받아들였을까
헛도는 보행과 맞춰보려는 쓸쓸한 자세가 무너진다
다시 개울 건너 신발 찾으러 간다
장성지 건너는 반달
구름이 슬그머니 품는다

흰빛의 고요

읍내에 내리던 비
내면에 오니 눈으로 내린다

비 다 맞고 와서
또 눈 맞는 생도 있는 법

눈이 밝히는 길
온 마을이 환하다

보살

돌담 아래 채송화처럼 앉아서 호박순 올려주다가
이거 가져가 밥에 넣어 먹어봐 완두콩이야

해 질 녘 돌담 그늘에 앉아 줄콩을 까다가
밥할 때 이거랑 서너 개 까 솥에 넣어 먹어봐 팍신팍신 맛이 날 거야

꽃을 매단 호박 며칠 있으면 딱 맞게 크겠어
따다가 호박장국 끓여 드셔

혼자라도 잘 드셔야 돼

마곡에 하룻밤

홍천 감돌아 흐른 물들은
윤슬로 빛나고 노을은 서쪽 물 넘어 사라졌다

니산*尼山의 나무들이 물속에 잠겼다

잠의 물결이 물속 같다

나는 노을이 흘러간 곳 멀리 바라보다가
은사시나무잎 바람에 흔들리던 마음으로
누군가를 보냈다

별처럼 돌아오겠다는 말은 밤을 예고했다
손에 닿을 듯 밤의 거처에는 반짝이는 것들이 가득했다

캄캄할수록 더 외로워 별은 반짝였고
이 계절의 꽃들은 빨갛고 노랗게 피었다

눈 뜨지 않았다면
나는 어디까지 흘러갔을까

여름 저녁 물 노을 지는 마곡에서 하룻밤 잤다

* 니산: 홍천강 끝자락에 있는 산. 유인석의 시 「니산구곡」이 있다.

입말을 내 귀로 듣다

네 말이 내 안에서 둥글게 뭉쳐진다면
눈깔사탕만큼 단단하고 달콤한 문장이 된다면
반죽처럼 촉촉하고 물컹한
민달팽이가 된다면

배냇짓 하는 태아의 웃음처럼
내 안의 꿈이 내 밖의 세상과 타협하지 못하고
노을 거두어 저녁이 캄캄하게 길을 지울 때
내 안에 뭉쳐진 네 말이 생목처럼 올라올 때
목에 걸린 말의 뼛조각들이란 꼭꼭 씹어 삼킬 것

상처와 상처 사이
구름을 끌어다 장막을 치는 숨과 숨 사이
주검 같은 문장들
입말로 새어 나오는 사각의 음표들과
하염없이 구름처럼 떠도는 노을의 잔상들

어둠에 푹푹 빠지는 걸음과 걸음 사이
우두커니 바라보는 내 안의 문장들과

자꾸만 되씹히는 말의 부스러기들

네 말이 내 귓구멍에서 웅얼거릴 때
탯줄을 타고 흘러드는
입말을 귀로 들을 때

말의 질량은 얼마나 가여운 것인가

호밀이 밥

옛날이 생각난 탓이다
땅심 기른다고 가을에 뿌린 호밀
봄바람이 보릿고개 넘을 지음
키빼기 한 질씩 크고 제법 영글었는데
어머이는 입맛 없다며 한 대리끼 이삭을 훑어 왔다
울담 곁 살구가 누렇게 익는데
이삭을 부셔 키로 까불르고
물에 씻어 보굼치에 담아 물기를 뺐다
옛날이 올 리 없지만 부강지에 불 사루고
가마솥에 들들 볶아 맷돌질했는데
얼핏 보면 싸래기 같고
얼핏 보면 옥씨기 타갠 것 같았는데
물에 촉촉하게 핑게놓고
하지도 오기 전 불알 감자를 캐다가
핑게놓은 호밀이를 얹어 밥을 한다
누구지에서 김이 모락거린다
너른 이남박에 비빈다
물고지며 달롱 돈나물 돌미나리에
뚜가리 메주장을 넣고

너도 한술 뜨라고 숟가락 내주는데

툇마루에 앉아 있는 옛날은 구수해지고
온 지천 푸르러지는 하지를 부른다

뻐꾸기 울 무렵

저 산 어딘가 우는 뻐꾸기
봄은 이미 꽃으로 연둣빛으로 번지고
소풍 나온 여자애들은 네잎클로버 찾아
문장과 문장 사이에 끼워 넣는다
내 마음의 갈피에 끼워주던
어린 애인은 어쩌다 편지를 쓰고
나는 어딘가 근질거리는 봄의 사춘기를 보냈다
민들레 씨 바람에 날리듯
뻐꾸기는 먼 곳에서 때 되면 찾아와 울었다
골짜기마다 살던 몇몇은 다시 돌아왔지만
이미 꽃은 진 후였다
보따리 몇 개 의자 위에 얹어놓고
버스를 기다리며
풍문 같은 얘기를 풀어놓다가
속사정 아는 듯 남세스럽게 그런 걸 묻냐고
눈 흘기며 버스를 탔다
빈 정류장엔 이야기 듣다 만 꽃들이
햇살 쪽으로 머리를 내밀었다

주막을 찾아서

아마 지금 새술막 삼거리쯤 되지 않겠나

술맛 좋은 주막집으로
정 많은 주모로
웃말 사람 무네미 사람
막걸리 한 대접에 취하지 않은 사람 없었다는데
걸죽한 입담에 넘어가지 않은 사람 없었다는데

홀아비 전 씨가 놓고 간 노랑텡이버섯 넣고 볶는 호박나물에 콩갈국수 어떠?
아님 속풀이 붕얼국에 따끈한 곡주 한잔은

풍문으로 듣는 주모의 화냥기 같은
끝끝내 거두지 못한 한 여인의 사랑 같은

청승이랄까

이쯤에서 그대도 돌아섰겠다

사진틀

수태골* 절터 아래 빈집
은행나무 그림자가 양철 지붕 덮고 마당 가득 쑥부쟁이 우거졌다
햇살은 빈 외양간 귕을 핥는데 둥우리에서 깐 달구새끼들은 새벽마다 울었겠다

다 지고 가기엔 너무 무거운 짐이었나 보다

솥 빼간 화덕은 무너졌어도
연재골* 너른 비알엔 며늘취며 으아리며 병풍취며 삽추 싹 뜯어 삶고
수태 앞개울 돌각사리 아래 버드랑치며 텡가리 뚜구리 갈겨니 지름종개
얼큰해진다

언젠가 돌아오면 알아보겠지
안방 문턱 위 사진틀엔 그렁그렁한 시간만 낡아가고

서둘러 떠나야 할 까닭이 궁금했지만

덩굴진 개머루만 까맣게 익어가고 있다

* 수태골, 연재골: 홍천 두촌면의 마을 이름.

후동*고개

늦은 밤 막차 타고
월운*서 내려 고개 넘을 때
형들은 공동묘지에서 만났다는 귀신 얘기를 해주었다
비 오는 날 우산 쓰고 고개를 넘을 때
머리 풀어 헤친 여인이 소복 입고 따라오더라는 얘기도
했다
진눈깨비 내리던 며칠 전 고개 넘으며
죽어서도 풀지 못한 한이란 게 뭘까
뒤돌아보는데
발자국마다 누군가 저벅저벅 따라오고 있다

* 후동, 월운: 홍천 영귀미면 지명.

양말 한 켤레

크리스마스 전날
절집에서 하룻밤 잤다
산허리 돌아 눈보라 몰아치고
밤새 풍탁이 덜그럭댄다
바람 따라 떠도는 인연이 얽혔나 보다
새벽 종소리에 눈을 떴는데
머리맡에
양말 한 켤레
가지런하다

도서관에서 본 풍경

아홉 시 햇살이 드는 도서관 이층 창가에 앉아
등나무가 얽혀 그늘진 쉼터 내려다본다
새새 스며든 햇살 무늬가 아라베스크 돗자리를 짜고 있다
'삶, 실패하지 않는 법'을 읽던 여자는
독서 노트에 몇 줄 옮겨 적는다
햇살의 따듯한 미소가 내게로 건너오고
나는 다시 창밖을 내다본다
길 건너 카센터에선 브레이크를 수리하느라
풀어놓은 나사들 조립한다
도서관 창가에서 읽는 책들이
세상의 낯선 표정을 이야기할 때
햇살이 짜놓은 아라베스크의 돗자리엔 붉은 저녁이 밀려오고
집으로 가는 밤하늘엔
밑줄 친 문장이 별처럼 반짝이고 있다

개미굴을 들여다보다가

한적함이 깃들어 있어요
마을에는 차 없는 집이 없지만
아무도 문을 열어주지 않아요
흉흉한 소문이 돌아나간 뒤 일이지만
시간 맞추어 오가는 마을버스가 안부를 묻곤하죠
가끔 잠자리가 앉았다 가고
거미는 장기 투숙 중이어요
다행스럽게 민들레는 여기저기 꽃을 피우네요
아흔의 여인이 몇 잎 따간 뒤지만
곰개미가 흙을 물고 나오네요
개미들이라고 다 열심인 줄 알았는데
딴짓하거나 놀고먹는 애들도 있다네요
어디서 왔는지 낯선 개미들이 많네요
지난밤에 풍뎅이가 사고를 쳤나 봐요
혼자서 끌고 가다가 겨운지 떼로 몰려와 끌고 가네요
발버둥 쳐도 소용없네요
개미굴을 들여다보다가
갈 길을 잊어버렸네요
집으로 갔다가 생각나면 다시 나와야 할까 봐요

서랍 속에 넣어둔 시간

가시박 덩굴 뒤덮은 고야나무와 돌배나무 상수내기 까치집
노을빛 묻어나는 저녁 배나무집 굴뚝과 꿀통져 말라죽은 배추밭
어슬렁거리는 야생의 발자국과 나무의 결과 그늘 낀 서까래와 햇살이 머물다 간 봉당
빗물 자국과 마루에 널브러진 책과 사진
곰팡이가 핀 문장들과 눈코입과 한쪽 귀가 보이지 않는 흑백의 기억
방울벌레 우는 오래된 가을
앞산 능선 위로 덩그러니 뜬 달과 눈빛 닮은 고양이가 돌담 넘다가 멈춘다
귀신이 나온다고 놀려주던 마루 밑
건넌방 여닫았던 문고리 녹이 슬고
책상 위 거미와 쥐똥과 몽당연필
빽빽한 서랍을 열자 쓰다만 이력서에 선명한

사실과 같음

부화한 시간이 설레고 있다

3부

뱃속에서 바람 소리가 났다

염천

구름 한 점 안 보이는 한낮이다

호박잎 축 늘어지고

해만 쨍쨍하다

이런 날을 두고 지랄맞다고

논골 할머이 느티 그늘에 앉아

적삼 풀어 헤치고

연신 부채질이다

아지랑이 풍경

망우 푸던 아재도
구재 져 나르던 할아범도
물속에 잠긴 미루나무 뼈대만 남아 있다
술맛 보라던 밭 가운데 아낙
주정뱅이 사내가 아직 돌아오지 않았다고
치 뛰고 내리뛰던 가을 저녁이 와 있다
장 마중 오가던 길은 바랭이가 우거지고
여기가 길이었구나
옛길 더듬는 밤하늘
별들은 이름을 부르며 반짝이고
동갑내기 정순이 근친 오던 밤
살살 달구라며 차린 술맛
노루터께 다랑논 가래질하며
밥 먹고 가
불러세우던 아지랑이는 어디쯤 오고 있을까

단풍

단풍나무 둥치에 빨랫줄 맸다
사흘에 한 번 속옷가지 빨아 널고
날 좋으면 이불과 요를 내다 넌다
곱게 잔 듯해도 가위눌린 땀이 배고 악몽에 흘린 눈물의 얼룩과
눈물 묻고 잠든 베개

이번만은 견뎌보자던 날들 주름진다

들창에 서성이는 새벽
눈 절로 떠 습관성처럼 인력시장 처마 밑에 줄을 선다
이골이 난 듯해도 **잡부 셋**
냉큼 달려간다

우물가에서 세수하고 목장갑과 양말을 빨아
어둠이 내려앉은 빨랫줄에 넌다
저녁마다 손이 퉁퉁 붓고 마디마다 뻐근한 작업풍이 도진다
여기저기 파스를 붙이고 좀 심하다 싶어

하루쯤 쉬자
마음먹고 집구석 돌아보는데
목 졸린 단풍나무가 유독 붉다

빨랫줄만 기억나고 나무는 보지 못했다
서서히 목 조이는 일이 파다했는데 핏줄이 선 나무
가을이라고 단풍이 든다

암탉

암탉은 둥우리에
한참 오래 앉았다가 울며 일어섰다
그 자리 따듯하고 하야스름한 둥근
알이 있다

몸속에서 꿈꾸던 것이라고 했다
눈도 코도 없고 보지도 못하고 듣지도 못하는 걸 낳았
다*고
서럽게 울면 수탉이 괜찮다 다독였다

송홧가루가 날리는 봄날
씨간장 달여 간장독에 붓고
마른 고추와 숯덩어리 몇 개 띄워
햇살에 맡겨두었다
칠흑 같은 장물이 배어났다

내가 그리워한 시간과 달이 둥그러졌다가 이지러지고
어둠이 스며든 자리마다 별이 성성하다
반짝이는 것들은 설레게 한다

노래는 마음속에서 꺼내는 알
간장이 맛이 들듯 닭이 남긴 노래 몇 소절
하루 종일 흥얼거렸다

* 암탉이 알을 낳고 우는 소리를 어머니들이 부르는 타령조로 수탉이 얼른 달려와 '괜찮다' 달래준다고 한다.

나를 알아보시겠어요

말을 버리고 수감되었다
여섯 개의 침상과 수액 따라 출렁이는 눈빛과
말보다 앓는 소리가 더 익숙한 날
읽던 책도 문장도 자꾸 놓쳐버린다
그대에게 꼭 해야 할 말이 줄어든다
오한이 나고 작살 맞은 짐승처럼
울고 싶은 통증이 왔다
소화되지 않은 저녁이 더부룩하다
비슷비슷한 생각들이 취침 등처럼 흐릿해진다
엑스레이에 드러난 가슴뼈들 사이엔 안개가 서렸다
안개를 설명하는 동안 가래가 올라왔다
약을 바꾸어야겠어요
낮달이 기웃거리는 오후
꿈결처럼 그녀는 두 시간마다 열과 혈압을 재며
삶의 거리가 얼마나 남았는지 기록하고
나는 남아 있는 날들을 짐작해본다
좀 졸릴 수 있어요
삶의 거리를 확인하는 침묵이
수면睡眠 위로 떠돈다

골목 샛길

중앙통 구 시장 어둑어둑한 순댓국집 골목
연탄불에 돼지껍데기 구워 먹는 그 집으로 오라는
문자는 샛길과 잘 어울린다
흐린 날이나 비 오는 날이면 그만이다
얼굴 가득 우울한 주름 몇 개 긋고
구울수록 돌돌 안으로 말리는 껍데기
소금에 적당히 간을 맞추고
맞댄 이마를 들어 밖을 내다본다
처마가 맞닿은 골목은 질척거리고
붉은 다라이마다 놓인 머리뿐인 돼지들
살아서 꿀꿀대며 매달렸던 생을 놓고
죽어서도 웃음을 가질 수 있다니
저 웃음은 어떤 화두를 풀었을까
걷잡을 수 없는 속이나 풀자며 오라는 그 집
오래된 연인처럼 어깨 거는 골목
샛길은 웃고 울기 좋다

낮달

뽕나무 아래 그네에 앉아
달뿌리풀에 어리는 저녁답 윤슬을 본다
서쪽 치악산 너머에서 날아온 깃털 구름이
큰산 옅은 안개와 함께 눈앞에서 사라졌다
물푸레나무가 뿜어놓은 수청빛 하늘이 시리고
안개 풀린 산기슭에선 야생의 짐승들이 퀘에엑퀘엑 울었다
흰 고양이가 내 종아리에 엉덩이 비비며 운다
감실거리듯 털 몇 가락 검정 츄리닝에 붙어 나풀댄다
바람인가 불러놓고 말이 없는 몸짓
고양이가 돌아보며 야아옹 운다
밥통에 사료 한 줌 담아주고
그네를 굴러 허공에 차오른다
풍덩 하늘에 던져진 몸뚱어리
둥글게 퍼져나가는 수청빛 구름 물결
멀겋게 뜬 열이틀 달이 기우뚱했다
노을 볕은 오른편 가슴께서
왼쪽 어깨 위를 눕고
멀대처럼 서 있는 그림자는 엉덩이 큰 비너스 닮았다

큰산 어딘가 세상 모든 것을 아는
전설의 그대가 살고 있다는 소문이 돌았다
마른 나뭇잎이 바람에 날아간다
낮달은 달고개 넘어 음력 열이틀 달빛 풀어냈다

후다닥

중앙통 민약국 앞 난전 한 자리는 삼마치 할머이 터다
봄이면 나물을 여름에는 옥씨기를 가을이면 돌배
겨울이면 더덕을 펼쳐놓는다
바깥양반이 첫차로 실어다 주면
맷방석만 하게 모람모람 펼쳐놓는다
등치는 바깥양반 갑절인데 손이 재바르다
단골 탓인지 점심때면 벌써 자리를 턴다
빠른 세월에 맞춰 사느라고
시집도 열여섯에 왔다는데
애가 들어서자 신랑은 군대 갔댄다
삼 년 세월 지두르기 뭣해서
지천에 널린 남새며 뿌럭지
철마다 나는 국거리와 밥밑거리
난전에 편 것이 벌써 오십 년이라는데
몸에 밴 건 후다닥이라고
밤일도 후다닥 후다닥 했다고
후다닥 깐 더덕 덤이라 담아주며
어깨춤 들썩이며 난전을 눙친다

발자국

문 앞에는 고양이 다녀간 발자국 얌전하다
신발장엔 언제 죽었는지 거미가 발 오므리고
손때 묻은 바람벽엔 곰팡이가 폈다
수도꼭지 틀자 녹물이 주루룩 흐른다
팔월부터 섣달까지
여름부터 가을 지나 엄동설한에 닿은 시간
빈집 지키던 보일러는 온점 근처에 멈춰 있고
좀 치워놓고 나온 듯한데
어수선한 날들이었구나
저녁마다 찾아왔던 짐승들도
빈집의 적막에 발길 돌렸구나
문짝에 꽂아놓은 갈잎 엽서 꺼내 읽는다
구들장마다 가라앉은 어둠 쓸어낸다
불길 든 방바닥이 미지근해지고
허기도 잊은 듯 오래라는 말을 꺼내는 순간
사과박스에서 감자가 긴 손을 내밀고
화분에선 움파가 산발하고
나 없어도 사는 법 다 아는구나

작은논골

급할 때 전화하면 달려오는 차가 닐닐구라구
새벽녘에 또 발작 났다자나
말끝마다 죽겠다는 할멈을 으사들은 왜 살려놓는가 몰러
 털 뽑힌 달구새끼모냥 얼어 뒤지든 꼬꾸라져 뒤지든 냅두야 죽지

 그래두 어디 그런감유 명색이 전주 이간데
 닐닐구에 실려만 갔다 하믄 병실은 아주 환해진대더라구유
 여양제 한 병만 맞으면 산삼 먹은 듯 심 뻗쳐 온 병실 돌아댕기믄서
 소문 동냥할 겸 병두 같이 아파야 빨리 낳는다믄서
 등두 쓰러주고 이불도 덮어준다는데
 웬만한 간병 아낙보다 훨 낫다더라구유
 밥은 밥대루 약은 약대루 물은 물대루 떠다 주고 얼릉 먹구 힘내라구

 으사들이 뭘 고쳐줘 지심으로 이겨내고 나아야지
 즈들이 하는 건 게우 죽지 못하게 하는 거

맨날 회진 와서 하는 소리가
약 잘 드시고 식사 잘 하시믄 금방 집에 갑니다 할머니
이젠 집보다는 산으로 가는 게 좋겠는데 보내주지 않는다구 난리 쳤다더라구유

그래 퇴원시겼췄더니 또 죽겠다구 난리난리

사는 게 다 그런 겨 좀 살 만하면 죽겠다구 난리 치는 거지

뼛속에서 바람 소리가 났다

-이건 뼈가 아닙니다
-그라믄 뭐라예
-삭재이지유 살아 있는 낭구에 붙어 말라죽은 삭재이 그것두 오래 묵은 삭재이라예 벌거지 파먹겠다구 딱따구리가 찾는 삭재이 이 뼈다구루 지금까지 살아오신 게 신통합니다
-그라믄 어째야 하는데유
-잘 먹구 하루 한 번 돌아댕기는 운동하시구 쪼구리구 앉아 짐매거나 남새 뜯으러 가는 거 올해는 쉬셔유
-쭘이 쑤셔서 하루도 못 살겠네유 그냥 뼈 주사 한 방 놔줘유 고벵이가 을매나 아픈지 잠도 못 잡니다 삭은 벌집 같다는 골다공증에 좋은 약두 좀 주시구유
-잘 지어드릴게유 나오실 적마다 더덕이며 미나리싹 취나물 개두릅 안 가지고 오셔도 돼유 이런 거 할머이가 드셔야 뼛속이 튼튼해집니다
-이자 시작인데 시퍼렇게 올라오는 짐은 은재 매고 지천에 널린 나물은 아까워서 어쩐대유
-냅둬유 금년에는 쉬시면서 몸을 맹글어야지유 정신 말짱하다구 내대다 낙상하시믄 삭재이처럼 다 부서져 닐

닐구에 실려온다니유 그때는 더 갑갑해 울화통이 터진다니유 아덜한테 알릴 거 읊구 잘 드시구 푹 쉬시믄서 몸 맹글기 하셔유 아셨지유?

실론약수

한 여인을 마음에 품었네
자작나무 노르스름하게 물들고
단풍나무 불그스름하게 오그라드는 시절이었네
가을을 보내는 나무들 또 다른 계절을 사는 법을 알았네
마지막이라 찾아든 내면에서
첩첩산중 산신령이 됐다는 권 대감 이야기와
그가 찾았다는 실론약수를 다녀왔네
한 여인의 손을 잡고 천천히 걸으며
차갑던 손이 따듯해지고
바람결에 떨어지는 나뭇잎도 보고
멀리 가는 물소리에 귀도 기울였네
늦도록 편 꽃들이 말을 걸어오면
참 이쁘다 향기가 어디서 왔을까
내면의 말을 그대 이름에 놓아두었네
살다 보니 정들었다는 그대와
아주 천천히 그대가 되어 실론약수 아니,
삼봉약수 그 길을 가고 있었네

바람에 귀를 씻다

옆집에서 간간이 들려오던 이야기가
갑자기 울타리 넘어 날아온다
-그래 어쩔래
-뭘 잘했다고 대드냐
발악하며 순간 부서진다
치열한 삶이다
문을 박차고
여자 뒤로 아이가 울며
-엄마 어디가
나는 불안해지고 또 심장이 떨려
조마중에 걸려 바라보는데
저 소리 다 들은 마가렛 이베리스
바람에 귀를 씻으려
꽃대를 세운다

모갯불

여름 한철
멱 한번 감기 쉽지 않은 내면인데
저녁이면 강에서 멱 감는다
염천의 여름 발목 시려 물에 들지 못하고
바다 쪽 능선에 새 넘는 날이면
겨울 잠바 꺼내 입는 마을인데
지난밤엔 알 품은 모 여인과 피를 섞었다
긁은 사랑의 자국이 여기저기 낭자했다
내면에 모기 없다는 말 옛말이다
앞집 곰이네 어머이는 여직도 쑥불을 피운다
화로에 밑불 살리고 솔검불 한 줌 넣고
그 위에 약쑥을 얹어 연기를 피운다
펄펄 끓는 푸른 밤의 혈에 쑥뜸을 뜬다
골말 개울 웅덩이에 발을 씻고
쑥 향 그윽한 밤의 평상에 누우면
모기는 내구워 멀리 돌아서 난다

살고 싶다고 했더니

누가 내면에 들라고 했다
누가 살까 싶은 고라데이 마가리 빈집
흑염소 한 마리 데불고 들라고 했다
흑염소 뜯어먹는 거 같이 뜯어먹으라 했다
당장 들어가라 했다
묵정밭에 돋는 잡초를 보라고 했다
한 생을 살다 간 쑥대밭에
하마 개망초 지칭개 꽃다지 나생이
뒷산 고로쇠 가래나무 다래나무 수액이 오르고
얼레지 산마늘 곰취 누리대 곤드레 오갈피 찔렁 두릅 엄나무
좋은 것 지천에 내깔렸으니
밥도 해 먹고 국도 끓여 먹고 즐기라 했다
입엔 쓰지만 도시풍에 길들여진 몸
천천히 산 비린내 들게 하랜다
해찰 떨지 말고 이쪽 등강에서 저쪽 비탈로
염소 가자는 대로 따라가라 했다
삶이란 원래 절망하면서 사는 거니까
산이 너를 받아줄 그때까지만 참으라 했다

4부

흰 닭똥이 약이 되어

찰나, 마음에 두었다

한 여인을 보았다
무작정 자작나무 숲을 걷다가 눈빛 서로 스치는 찰나

박새가 울고 갔다
겨울 한 모서리 금이 갔다

바람은 나무의 추임새를 불러냈다
서로가 서로를 부르는 나무들의 어깨춤이 물결처럼 일었다
한 여인을 기억하듯 봄의 가지마다 푸른 문장이 돋아나고 있었다

자작나무꽃을 처음 보았다
암꽃은 하늘 향해 꽃대를 키우고 수꽃은 땅을 향해 축 늘어져 있었다
당신을 기다린다는 꽃말이 쓸쓸해 보였다

서로가 기억하지 못하는 문장은 부질없는 일이다
사람이 사람을 기억하지 못하는 일만큼

사람이 사람을 기다리지 못하는 그만큼

시간은 늘 먼저 달려갔고 나무들은 가을을 불러들였다
단풍의 환영이 어른거렸고 가을의 문장을 잎새마다 새기고 있었다

시절 인연이 떠올라
모든 인연이 사랑이었으면 아, 사랑하여 불행하지 않기를

살아가는 동안에 꾹꾹 눌러쓴 쓴 문장들이 나이테마다 가득했고
사느라고 주고받은 상처는 잊을 만하면 겨울처럼 생각났다

자작나무숲 여기저기
젖은 눈 받아내느라 꺾이고 허리 휜 자작나무가 시절 인연의 한 생을 보여주었다

봄의 기운을 알아챈 구름이 산을 넘어오고

눈빛 서로 스치는 찰나, 마음에 둔 그 여인
자작나무 숲에 두고 왔다

밤은 흘러가서 은하수가 된다

별은 밤마다 찾아와 무슨 말을 했다

내 생각의 어떤 문장과 잘 어울렸다

눈에서 불이 났다는 말이
서쪽에서 빛나는 별의 묵언 같았다

밤 열 시 별들이 제자리 찾을 때
도착~
문자가 왔다

별은 꿈이 닿아야 할 곳인가 보다

새벽에 본 달은 잠투정했는지
반쪽이 되었다

얼마나 차가운 눈물이 지나갔을까

그믐달

통금 풀고 밤새 너를 기다리겠다
부엉이도 들쥐도 고라니도 멧돼지도 달려와
밤새 쑤석거리고

캄캄한 말이 캄캄하게 들리는
귀는 먼 곳의 바늘귀 꿰는 소리에 닿았다

나는 심지를 돋우고 지새우겠다
기름이 졸아 불꽃이 사그라지고

물소리만 먼 곳으로 흘러가
암향暗香에 먹을 가는 밤

어둠에 깃든 적막을 새김하는
그믐달을 기다리겠다

눈꽃이 피다

뒷산 방태산 봉우리 위에 뜬 별들은 밤새 추웠겠다
혹한을 견디느라 입김 불며 손끝을 녹였겠다
오줌을 누면서 소나무 사이로 얼핏
눈이 무솔아 빛나는 아침의 문장을 읽었다
마음에 품었던 말들이 불꽃처럼 일었다 사라졌다
기도祈禱 들어줄 이름들은 묵언을 놓고 갔고
너무 오래 품었던 말들은 기억나지 않았다
별이 폭포를 이루는 은하수는
사람과 사람 사이에서 말처럼 빛났다
월둔 넘어 산속으로 들어갈수록
꽃으로 피어나는 상고의 말이 반짝였다

감자 싹

사월에 내리는 눈이
한계령풀꽃과 바람꽃 노루귀 깽깽이풀 꽃잎 위에 희다
이른 저녁 다녀간 야생의 발자국들이 선명하고
어둠처럼 남은
먼 산 종소리
손톱만큼 밀고 올라온 감자 싹
바람의 안부를 묻는다

골말에는 부엉이가 산다

나무는 나무대로
풀잎은 풀잎대로
숨겨둔 악기를 꺼낸다
갈풍대기가 부르는 밤의 노래는 시리다
박주가리가 씨앗을 날린다
별들은 베를 짜나 보다
밤하늘이 촘촘해졌다

비로소

모란이 지고 작약이 피는
도심 공원 억새 우거진 풀숲
오리가 둥지를 틀었습니다
오가는 차들과 사람들로 번잡한 날들
누가 볼세라 몰래 날아들어 알을 낳았습니다
하얗고 둥그런 알 가슴으로 품는 포란거에 듭니다
하루 이틀 사이 먼저 깬 아기들 깃 속에 품고
막내가 깨어나자
엄마는 앞장서 마을 앞 개울가로 만행 갑니다
큰길 건너고 보도블록 넘고 또 숲을 지나는 만행
비로소 물에 닿기까지 서역길 같은 고행을 나섭니다
숲속 둥지에서 나와 보도블록 따라
오리 꽥꽥 노래 부르며 걷다가
꽤액 아가들이 보이지 않습니다
아무리 불러도 큰아가 혼자만 대답합니다
온 길 돌아보며 꽥꽥꽥 불러봅니다
아주 깊은 곳에서 화답 소리 들립니다
엄마는 소리를 따라갑니다
하수구에서 들리는 아가 울음소리

엄마는 꽥꽥 꽥꽥꽥 우왕좌왕 갈팡질팡 웁니다
길 가던 중학생 오빠가 눈치채고
하수구 속을 들여다봅니다
뚜껑 열고 아기들 한 마리씩 꺼냅니다
가슴 졸인 엄마는 연신 울음으로 아기들을 달랩니다
오빠는 다 꺼내준 것 같은데
엄마 발걸음 떨어지지 않고
소리 높여 오지 않은 아가 찾아달라고 엎드려 웁니다
다시 하수구 속을 살피더니
숨어 있던 아기 꺼내 놓아줍니다
그제야 엄마는 고개 끄덕이며
아가들 데리고 숲으로 들어갑니다

비로소 숲 속 너머 연못에 장엄등이 켜졌습니다

가을밤

물소리는 독백일 뿐
어두워지는 것을 알려 하지 않았다
나무들처럼
사랑이나 행복에 대한
불편한 질문은 하지 않았다
모든 것이 답일 수 있는
문장은 따듯하다
사랑도 때로는 눈물만큼 가벼운 것
오랜만에 별들의 길을 산책하며
나무와 나비와 사막과 꽃들의 이름을 불렀다
밤의 저쪽에서 누가 가르쳐주지 않은
노래 불렀다

어떤 어록

옥수수 심어놓고
김매야 하나 근심하는데

김매면 숨은 김이 또 올라온다고 내버려두란다

옥씨기 부쩍 커
웃거름 줘야 할까 들여다보는데

줄 거면 옆에 묻어주란다

풀 키우는 거 아닐까 갸웃했더니

원래 곡석이란 같이 커야 한단다

풀도 보면 이쁘지

오십 년 농투배기가 한 말이다

삼백고지

 고개도 아닌 둔덕을 삼백고지라 불렀다 그전에는 서낭고개라고 했는데 전쟁통에 미군이 잠시 주둔하자 들병이가 몰려들어 자리를 잡고 윙크하며 헬로인지 할루인지 서로만 알아듣는 말과 몸을 섞었다

 살 만큼 산 사람들은 다 아는 얘기라며 쉬쉬했지만 삼백 원이면 하룻밤에 고지를 점령할 수 있었다

 미군이 떠나면서 삼백고지에는 콜크벽지 공장이 들어섰는데 잘 되나 싶더니 불이 났고 전선 공장이 들어섰다가 망하고 얼마 전까지 정화조 공장이 운영되었다는데 하루아침에 문 닫았다

 문 닫은 뒤로 철문 앞에는 개망초가 피었다 몇 해는 환삼덩굴이 번졌었는데 얼마 전 가보니 가시박이 덤불을 이루었다

 저기가 뭐하던 곳이래유
 아 저기 풀숲이유
 그러게유
 풀수평을 바라보며 서로 묻고 있었다

다음

마지막이라며 보낸 날들이 너무 많다
오늘이 생의 마지막일지 모르는데
모르는 마지막이 또 다가온다

몇 년 전에 심은 체리나무가 꽃을 피웠다
첫 꽃송이 달았는데
지난밤 황사바람 견디느라 힘들었겠다

아침 햇살 꽃잎을 여는 소리가 난다
계곡 따라 무리 지어 피는 전호

다시 찾아가지 않으면 마지막이 될 듯하여
두고 온 말

다음에 올게

마지막 다시 이어주는 이정표가 된다

득음

소리를 얻었다
먼 북쪽에서 몰려오는 말들
지당 소나무 엄나무 갈참나무 느릅나무
옻나무 벚나무 고뢰쇠나무 귀룽나무 물푸레나무 전나무
나무의 숨소리
문풍지가 켜는 바람의 노래
호흡이 긴 울음
오래 울어야 풀리는 소리들
귓가에 솔아드는 노래
망덕봉을 돌아 눈보라 치는 밤
문턱에 눈이 쌓이고 있다
적설이란 쌓여서 적멸에 닿는 것
지난 가을 깨우는 것
제비꽃 핀 자리가 여기였을까
민들레 핀 자리가 저기였을까
마른 과꽃 송이에 눈이 소복하다
귓속이 잠잠하다

흰 닭똥이 약이 되어

 죽으면 애총이나 만들고 참꽃이나 심어주자고
 가마니때기에 둘둘 말아 문간에 밀어놨다는데
 무슨 힘으로 밤을 견뎌냈는지 아침이면 비쩍 마른 북어 같은 게 눈만 깜빡이더란다
 백방으로 소문내고 약이란 약은 다 써봤어도 들어먹지 않아 죽기만을 기다렸다는데
 엄마는 또 어디서 무슨 얘기 듣고 왔는지 흰 닭똥 볶아 젖에 섞어
 마른 입에 한 숟가락 흘려 넣어주고 하룻밤 또 문간에 밀어놓고
 엄마는 오지 않는 잠을, 또 가지 않을 밤을 어찌어찌 보내고
 이승의 마지막 아침이겠거니 문을 열었다는데
 둘둘 말아둔 거적에서 애가 기어 나와
 밥상에 떨어진 밥을 주워 먹더란다

 닭의, 똥의 기운으로 살아났다는
 한 사람이 산미나리 한 움큼 뜯어 부엌으로 들어간다

아재

호랭이와 곰이 사람 되고 싶어 했다는 얘기를 을수골 염소수염 아재한테 들었다

눈 덮인 산골짜기에선 쬐기에 치인 짐승이 밤새 울었다

아재는 덫을 보러 대산골로 들어가고 한 마리쯤 메고 올 거라는 소문은 아랫마을 을수까지 퍼졌다 가마솥에선 물이 설설 끓고 부강지 앞에 쪼그리고 앉은 당숙은 허리를 주무르며 봉담배를 또 말았다

저녁때가 되어 아재는 널다리 건넜다 주루먹은 불룩했고 꿈틀거리는 것 같았다 당숙이 부강지 앞을 내주자 아재는 산꾼답게 부지깽이로 골짜기 그리며, 허탕이구나 스적스적 한적골로 내려오는데 올매기에 설핏 걸려 버둥대길래 붙잡았다
그럴듯하게 너스레를 떨었다

한 번씩 귀를 잡고 들어보며 묵지럭하구먼 실실 웃고는 뺌뿌로 바람을 넣어 가죽을 벗겨냈다 얼굴이 동그스름한

이모는 살점은 살점대로 발려내고 뼈다구는 푹 울궈내 탕을 끓였다.

고콜에 피운 광솔 불빛이 불그스름하니 서까래를 타고 산으로 퍼졌다

염소수염 아재한테 들은 호랭이와 곰 얘기는 골짜기 귀틀집에 사는 애들은 다 아는 얘기였지만 아재를 만나면 사람이 되지 못한 건 왜 그런지, 그 호랭이와 곰이 암컷인지 수컷인지 꼭 물어봐야지 별렀는데

산그림자 잦아드는 마을 지날 때면 서쪽 하늘은 늦도록 붉었다

누가 가르쳐준 것도 아닌

어제는 해가 좀 남아 옥수수밭 비니루 벗기고

오늘 아침은 눈이 일찍 떠져
배꼽만 한 꽃밭 부섭쓰레기 걷어내는데

놀라워라
이미
들썩이는 봄의 푸른 울음이여

낯설은 옛날

 옛날만 남는다는 말을 오래전에 들었다 서른 무렵이었고 설익은 복상을 따 먹던 시절이었다 들고뛰는 일 자신만만했던 청춘의 시간은 어느새 갑절이나 지난 후, 옛날만 남는다는 말을 기억하고 싶지 않았으나 자꾸만 보이는 풍경은 어슴푸레 옛날에 닿아 있었다 남쪽 어딘가 보리밭 풍경을 내걸고 호객한다는 소문을 듣고 스적스적 다녀왔지만 보리누름은 어디에도 없고 꺼끌거리는 보리개떡은 구경도 못 했다 보리피리 불며 넘던 언덕배기는 바람에 쏠리는 푸른 보리밭 물결 너머 높다란 유리창에 비껴 눈부셨다 옛날은 널렸는데 만져보고 맡아보고 삼켜보면 첫사랑 같은 그리움은 땡기지 않았다

해설

내면(內面)에서 길어 올린 내면의 화두

김겸
(시인 • 문학평론가)

살아가는 동안에 꾹꾹 눌러쓴 쓴 문장들이 나이테마다 가득했고
사느라고 주고받은 상처는 잊을 만하면 거울처럼 생각났다
―「찰나, 마음에 두었다」 부분

아직도 당신들의 문법을 모르겠다. 자신들만의 신묘한 비방으로 난해한 언어 실험과 기형적인 탐미의 주도권을 쥔 이들. 반면, 여전히 글쓰기로 세상을 구원하며 언어의 혁명과 미학적 변혁에 복무해야 한다고 목소리를 높이는 이들. 이들의 경계가 무화되었다고 할지라도 아직 이 나라의 문학은 여전히 이 두 축으로 움직인다고 해도 과장

된 말이 아니다. 여하튼 이 그룹 어디에도 속하지 못하는 서정의 세계는 어디에 놓여 있는가. 민들레의 포자처럼 흩어져 여기저기 피어나지만 누구 하나 그 노란 속내를 제대로 보아주지 않는다. 기묘하지 않고 화려하지 않으나 시라는 대지를 고루 지탱하는 것이 이 말 없는 무수한 야생초라는 사실을 아는 이는 많지 않다.

이 형해만 남은 문단이나 출판 권력에서도 뜨고 지는 이들이 있고 중심과 주변이 있으나 자신의 자리에서 한결같이 스스로를 지탱하며 순도 높은 서정을 오롯이 지켜가는 이들이 있으니, 이들에게 이 부박한 세상사의 논리 따위는 아무런 가치가 없다. 이미 백석이란 시인은 "산골로 가는 것은 세상한테 지는 것이 아니다/ 세상 같은 건 더러워 버리는 것이다"(「나와 나타샤와 흰 당나귀」)라고 했다. 이제 열한 번째 시집을 상재하는 강원도 홍천군 내면이라는 산촌에서 맑은 시심을 길어 올리는 허림 시인은 번다한 세상사와 휘황한 도회의 문법의 반대편에서 "누가 가르쳐준 것도 아닌" 자신만의 서정의 문법을 오랫동안 지탱해 왔다.

이 부박한 세상에서 언어로 일어선 자들, 그 발기한 자들의 교만한 문법은 나는 모른다. 그러나 자신의 깊은 슬픔으로 세계상의 내면에 파고든 이들, 그 웅크린 이들의 겸허한 언어는 누구보다 잘 안다. 그것은 "느림의 전부 네게로 밀고 가는 고집"(「달팽이의 사랑법」)과도 같은 것이어서 "삶이라는 중력", 그 부박한 욕망을 버린 "화살처럼 어디로든 닿을 것 같"(「삶이라는 중력」)은 생의 화두에 느리지만 정확하게 꽂힌다.

    울음을 곡哭이라 하지
    애걸하듯 북방산개구리 우는 사월
    아홉사리고개
    울음이 곡曲을 넘는다
    봄이어서 꽃들도 산을 넘는데
    한 소절 한 소절 곡진하다
    지금 울지 않는다면 언제 울까
    울음이 산을 키운다
    푸른 울음으로 도지는 사월
    여기저기 쓸어놓은 울음의 발랄
    내게 돌아오는 메아리도 점점 푸르다
    ―「사월」 전문

누구의 생이나 "꽃으로 산 날은 길지 않았"을 것이다. 그러나 "아파도 아픈 척하지 못하고/ 괜찮다 괜찮다고 꽃만 보여주"(「피아노 소리가 들리는 골목」)고자 한다. 내 설움과 눈물을 내비치지 않고 꽃을 보여주는 것, 그것이 곧 사랑이니까. 그러니 "나를 보증하는 일은 쉽지 않다"(「울음이 있는 저녁」)는 것을 자인할 수밖에 없다. 생으로부터 고여든 마음속 울음은 "곡哭"이지만 때론 "곡曲"이 되기도 한다.

시인은 '아홉살이고개'라는 지명을 슬며시 삽입함으로써 시적 정황을 더욱 구체화하려 한다. 이 지명은 열여섯 살에 인제군 상남리에서 홍천군 내촌면 와야리로 시집온 한 처녀가 1년 후 아이를 낳고 친정을 찾으려 했으나, 험한 고갯길을 넘을 엄두가 나지 않아 결국 갈 수 없었고, 그렇게 시간이 흐른 뒤 아이가 아홉 살이 되던 해에야 처음으로 친정으로 향할 수 있었다는 이야기에서 유래했다. 그 여인은 친정이 얼마나 그리웠을 것인가. 그러니 그것은 차라리 "울음이 곡曲을 넘는" 것이기도 했을 것이다. 이러한 서사적 맥락에서 보면 꽃들이 피어 산등성이를 넘는 것도 여인의 눈에는 "한 소절 한 소절 곡진"할 수밖에 없었을 것이다.

여인의 9년 동안의 시집살이는 그리운 곳을 산 너머에 둔 설움 그 자체였을 것이다. 그러니 여인을 가로막은 험준한 산은 울음이 키운 것이고, 사월이면 그 푸른 울음이 여기저기서 울음을 터트린다. 시 쓰기라는 곡哭이 지닌 곡曲도 바로 그것이다. 닿을 수 없는 피안을 저기 너머에 두고 우는 일, 통곡하는 일. 그것이 시로 옮겨질 때 비로소 "울음의 발랄", 푸르른 메아리가 되는 것이다.

시인은 잉크가 물든 셔츠를 빨면서 "형형의 색 향기로 풀리는 말의 전생들"(「잉크」)을 보듯, 생의 올마다 얽힌 울음의 전생들을 유장한 어조로 풀어낸다. 시인의 생이란 스스로 자초한 가혹한 삶이어서 "비 다 맞고 와서/ 또 눈 맞는"(「흰빛의 고요」) 불운을 견뎌야 하는 것이기도, "나는 너무 많이 느끼고, 너무 쉽게 아프다."고 말한 커트 코베인Kurt Cobain의 고백처럼 예민한 촉수를 참아내야 하는 것이기도 하다.

그곳은 멀지 않았다
내 귀에 혹은 마음에 닿기까지 물결 따라 오래도록 흐르다가
거기, 닿았다
보내고 잊어버린 바람의 일기와
사무치게 그러나 기억나지 않는 길들

세상에는 눈물이 차고 넘쳤다

모래톱 따라 걷다가 뼈처럼 반짝이는 조개를 보았다
끝까지 살아보겠다는 결기 같다
그리고 오래도록 서성이는 사람을 보았다
그가 걸어온 길들은 다시 바다가 되었다
비로소 바다가 되는 거기

바다처럼 하루에도 몇 번씩 지울 수 있는 것들
바다의 울음을 묻어두고 돌아가는 그를 오래도록 배웅하였다
말을 배운 후 슬픔이란 걸 알았지만 생은 깊었다

그도 흘러가면서 거기, 닿을 수 있을까
―「노을이 가는 곳」 전문

"세상에는 눈물이 차고 넘쳤다" 이것이 시인의 가슴으로 바라본 세계상의 진실이다. 이러한 세상에서 "물결 따라 오래도록 흐르다/ 거기, 닿았"는데 그곳은 바로 노을이 지는 바닷가다. 화자는 거기서 "뼈처럼 반짝이는 조개"를 보며 "끝까지 살아보겠다는 결기"를 느낀다. 그리고 화자의 내면 풍경을 등가적으로 매개하는 "오래도록 서성이는 사람"을 발견한다. 그는 살아온 모든 길이 바다가 될 때까지, 아니 스스로 바다가 될 때까지 오래 그곳에 머문다. 그렇게 "바다의 울음을 묻어두고 돌아가는 그를" 화자는 오래도록 배웅한다.

언어적으로 질서화된 말의 세계, 곧 상징계에서 우리는 슬픔이란 것을 알게 된다. 하지만 생은 언어로 표상된 슬픔으로 대신할 수 없는 불가해한 영역이다. 화자는 마지막으로 말한다. "그도 흘러가면서 거기" 곧 노을이 가는

곳에 닿을 수 있을까, 라고. 노을이 지는 곳은 서쪽이다. 하루가 저물며 빛이 사라지는 그 방향은, 삶의 끝자락이자 지나온 시간들이 조용히 내려앉는 곳이다. 그곳은 덧없고도 장엄한 감정의 퇴적지처럼, 말로는 다 담을 수 없는 슬픔과 기억이 물결처럼 스며드는 서편의 해안이다. 그러나 그곳은 끝이면서도 어쩌면 다시 시작되는 경계의 지점이며, 생의 결기를 품은 이들이 끝내 도달하고자 하는 내면의 서편이다.

단풍나무 둥치에 빨랫줄 맸다
사흘에 한 번 속옷가지 빨아 널고
날 좋으면 이불과 요를 내다 넌다
곱게 잔 듯해도 가위눌린 땀이 배고 악몽에 흘린 눈물의 얼룩과
눈물 묻고 잠든 베개

이번만은 견뎌보자던 날들 주름진다

들창에 서성이는 새벽
눈 절로 떠 습관성처럼 인력시장 처마 밑에 줄을 선다
이골이 난 듯해도 잡부 셋
냉큼 달려간다

우물가에서 세수하고 목장갑과 양말을 빨아
어둠이 내려앉은 빨랫줄에 넌다
저녁마다 손이 퉁퉁 붓고 마디마다 뻐근한 작업풍이 도진다
여기저기 파스를 붙이고 좀 심하다 싶어
하루쯤 쉬자
마음먹고 집구석 돌아보는데
목 졸린 단풍나무가 유독 붉다

빨랫줄만 기억나고 나무는 보지 못했다
서서히 목 조이는 일이 파다했는데 핏줄이 선 나무
가을이라고 단풍이 든다
—「단풍」 전문

 여기서 화자는 빨랫줄을 맨 단풍나무 아래서 반복되는 일상을 견디며 살아간다. 속옷을 빨아 널고 이불과 요를 내다거는 행위들은 반복되는 생의 리듬이다. 이 과정 속에서 "인력시장 처마 밑에 줄"을 서다 "잡부 셋"이라는 말에 달려나가야만 하는 화자는 "이번만은 견뎌보자던 날들"로 주름지고, "손이 퉁퉁 붓고 마디마다 뻐근한" 통증은 "하루쯤 쉬자"는 말이 절로 나오도록 곤한 시간의 무게로 축적된다.
 이때 시는 "목 졸린 단풍나무가 유독 붉다"는 통찰의

순간으로 이어진다. 여기서 단풍은 가을의 자연 현상이 아니라, 절박한 삶을 묵묵히 견뎌온 존재의 핏빛 외연이다. 화자는 "빨랫줄만 기억나고 나무는 보지 못했다"고 자책하는데, 여기서 단풍의 붉음은 단지 나무에 일어난 변화가 아니다. 그것은 "서서히 목 조이는 일", 즉 산다는 일의 고단함이 누적된 육체를 통해 바라본 정동적 반응이다. 이제 단풍이 물든다는 말은 더 이상 계절의 언어가 아니다. 그것은 일생 동안 스며든 고통과 압박의 혈색이며, 그렇게 저물어가는 삶의 단면이다.

이처럼 이 시에서 단풍은 「노을이 가는 곳」과 같이 저물어 가는 고단한 생의 상징이다. 하루의 끝이 그렇듯, 생의 여러 국면도 이처럼 붉게 타오르며 자신을 소진시킨다. 그 붉음은 아름다움이라기보다 온갖 고통을 감내하며 살아냈다는 시간의 흔적이다. 단풍은 그래서 목 졸린 존재가 마지막으로 토해낸 생의 빛깔에 가깝다.

그러나 모든 소멸이 비극으로 점철된 것만은 아니다. 시장통 순댓국집 골목에서 바라본 머리뿐인 돼지들의 모습에서 화자는 "살아서 꿀꿀대며 매달렸던 생을 놓고/ 죽어서도 웃음을 가질 수 있다니/ 저 웃음은 어떤 화두를 풀었을까"(「골목 샛길」)라고 묻는다. 더구나 세상의 운행에는 '나'라는 존재가 필수적인 것이 아니다. "팔월부터 섣달까지" 비워놓았던 집에서는 나 없이도 감자는 손을 내밀고 화분에선 움파가 산발하니, 빈집도 "나 없어도 사는 법 다 아는"(「발자국」) 것이다. 이것은 억울한 것이 아니다. 나라는 존재가 얼마나 미미한 것인가를 깨닫고 세상이라는 전체에 순응하는 것이기 때문이다.

이런 세상을 살다보면 산다는 일은 관념을 사는 게 아니라 구체적인 육체로 살아간다는 것을 느낄 때가 있다. 그것은 주로 몸이 아플 때인데, 두통은 머리의 존재를, 복통은 소화 장기의 존재를, 흉통은 허파와 심장의 존재를, 근육통과 관절통은 살과 뼈의 존재를 느끼게 한다.

말을 버리고 수감되었다
여섯 개의 침상과 수액 따라 출렁이는 눈빛과
말보다 앓는 소리가 더 익숙한 날
읽던 책도 문장도 자꾸 놓쳐버린다
그대에게 꼭 해야 할 말이 줄어든다
오한이 나고 작살 맞은 짐승처럼
울고 싶은 통증이 왔다
소화되지 않은 저녁이 더부룩하다
비슷비슷한 생각들이 취침 등처럼 흐릿해진다
엑스레이에 드러난 가슴뼈들 사이엔 안개가 서렸다
안개를 설명하는 동안 가래가 올라왔다
약을 바꾸어야겠어요
낮달이 기웃거리는 오후

꿈결처럼 그녀는 두 시간마다 열과 혈압을 재며
삶의 거리가 얼마나 남았는지 기록하고
나는 남아 있는 날들을 짐작해본다
좀 졸릴 수 있어요
삶의 거리를 확인하는 침묵이
수면睡眠 위로 떠돈다
— 「나를 알아보시겠어요」 전문

"말을 버리고 수감"된 병실에서는 "읽던 책도 문장" 따위도 부차적인 것으로 밀려난다. "오한이 나고 작살 맞은 짐승처럼/ 울고 싶은 통증이" 오는데 무엇이 대수냐 말이다. "그대에게 꼭 해야 할 말"조차도 줄어드는데, 이때 화자에게 오로지 절실하게 들려오는 말은 무엇인가. 그것은 "나를 알아보시겠어요"라는 생의 안부를 묻는 타전이다.

화자의 흉부 "엑스레이에 드러난 가슴뼈들 사이엔 안개가" 서려 있다. 의사는 약을 바꾸어야겠다고 말하고 간호사는 두 시간마다 열과 혈압을 재며 "삶의 거리"를 기록하고 화자 역시 남아 있는 생의 시간을 짐작해본다. 생로병사와 길흉화복이 모두 사람의 의지로 되지 않는 것이거늘, "조금 졸릴 수 있어요"가 "나를 알아보시겠어요"로 다시 이어지기를 생을 살아가는 모두는 바라지 않는가. "서서히 목 조이는 일이 파다"(「단풍」)한 생을 살고 있는 우리들이지만 말이다.

    누가 내면에 들라고 했다
    누가 살까 싶은 고라데이 마가리 빈집
    흑염소 한 마리 데불고 들라고 했다
    흑염소 뜯어먹는 거 같이 뜯어먹으라 했다
    당장 들어가라 했다
    묵정밭에 돋는 잡초를 보라고 했다
    한 생을 살다 간 쑥대밭에
    하마 개망초 지칭개 꽃다지 나생이
    뒷산 고로쇠 가래나무 다래나무 수액이 오르고
    얼레지 산마늘 곰취 누리대 곤드레 오갈피 찔렁 두릅 엄나무
    좋은 것 지천에 내깔렸으니
    밥도 해 먹고 국도 끓여 먹고 즐기라 했다
    입엔 쓰지만 도시풍에 길들여진 몸
    천천히 산 비린내 들게 하랜다
    해찰 떨지 말고 이쪽 등강에서 저쪽 비탈로
    염소 가자는 대로 따라가라 했다
    삶이란 원래 절망하면서 사는 거니까
    산이 너를 받아줄 그때까지만 참으라 했다
    ─「살고 싶다고 했더니」 전문

그렇게 "살고 싶다고 했더니" "누가 내면에 들라고 했다"고 한다. 그렇게 들어간 홍천군 내면의 "고라데이 마가리 빈집"이다. 이 시는 "삶이란 원래 절망하면서 사는 거니까/ 산이 너를 받아줄 그때까지만 참으라 했다"는 마지막 시구에서 드러나듯, 화자는 생의 고통을 능동적으로 극복하기보다는, 그것을 인내하는 방식으로 자연에로의 입경入境을 요구받는다. 이때의 요구는 주체의 자발적 선택이 아니라, "흑염소 한 마리 데불고 들라고 했다", "염소 가자는 대로 따라가라 했다" 등의 반복적인 사역적 언술을 통해 드러나는데 이는 자연과의 능동적 일체화라기보다는 살기 위해 어쩔 수 없는 피동적 순응의 형식이라 할 수 있다. 이는 "도시풍에 길들여진 몸/ 천천히 산 비린내 들게 하랜다"와 같이 현실 세계에서 망가진 몸과 마음을 자연을 받아들이면서 그 일부가 되어 시나브로 자신을 치유하라는 제안이다. 요컨대 "살고 싶다고 했더니"에 대한 대답의 형식으로 서술되고 있는 이 시는 수용과 견딤을 통해 자연을 받아들여 피동적 순응을 마침내 지속 가능한 삶의 형식으로 전환하라는 제안을 담고 있다.

숲 깊은 내면에 은거하며 속 깊은 내면을 건져 올리는 허림 시인의 열한 번째 시집은 "살아가는 동안에 꾹꾹 눌러쓴 쓴 문장들"의 나이테이며 "사느라고 주고받은 상처"(「찰나, 마음에 두었다」)들의 차가운 겨울이라 할 수 있다. 그 나이테와 상처들의 겨울을 외람되이 일별해 보면 이러한 서사가 되지 않을까. "골말 산지당골 대장간에서 제누리"를 먹고, 돌아오는 길에 "이끼, 푸른 문장"을 읽었다. "울퉁불퉁한 말"들이 혀끝에서 맴돌다 "말 주머니" 속으로 스며들었고, "노을강에서 재즈"를 들었다. "누구도 모르는 저쪽"을 잠시 바라보다 고개를 돌리니, "신갈나무 푸른 그림자가 지나간다". 시인은 지금 "거기, 내면"이라는 산촌에 깃들어 살고 있고, 그곳에는 아직 "엄마 냄새" 같은 시간이 남아 있다. 그 따뜻한 숨결에 젖어 "다음이라는 말"을 떠올렸다. "누가 가르쳐준 것도 아닌".

레트로의 유행 때문인지 "옛날은 널렸는데 만져보고 맡아보고 삼켜보면 첫사랑 같은 그리움은 땡기지 않"(「낯설은 옛날」)는 요즘, 우리 서정시의 원류가 어디에 맥이 닿아 있고 또 어디로 나아가는지 확인하고 싶다면 내면에서 깊은 내면의 화두를 길어 올리는 허림 시인의 시를 읽어 보아야 하리라. 휘황한 세상에서 새것에 열광하는 당신들이! 끝

달아실에서 펴낸 허림의 시집

『엄마 냄새』(2019)
『누구도 모르는 저쪽』(2020)
『골말 산지당골 대장간에서 제누리 먹다』(2021)
『다음이라는 말』(2023)

달아실 기획시집 46

누가 가르쳐준 것도 아닌

1판 1쇄 발행	2025년 8월 19일
지은이	허림
발행인	윤미소
발행처	(주)달아실출판사
책임편집	박제영
디자인	전부다
법률자문	김용진, 이종진
주소	강원도 춘천시 춘천로 257, 2층
전화	033-241-7661
팩스	033-241-7662
이메일	dalasilmoongo@naver.com
출판등록	2016년 12월 30일 제494호

ⓒ 허림, 2025
ISBN 979-11-7207-063-2 03810

이 책의 일부 또는 전부를 재사용하려면 반드시 저작권자와 (주)달아실출판사 양측의 동의를 얻어야 합니다.

* 잘못된 책은 구입한 곳에서 바꿔드립니다.
* 책값은 뒤표지에 표시되어 있습니다.
* 이 책은 홍천문화재단 〈예술창작활동 지원사업〉으로 발간되었습니다..